Spielend leicht lernen

Christian Becker

Rechtschreibung

Deutsch 3. Klasse

Bilder von Cornelia Funke

Verlag Friedrich Oetinger · Hamburg

Liebe Hühner-Fans!

Dreimal dürft ihr raten, was die Wilden Hühner nachmittags am liebsten machen: na klar, ihre Geheimschrift üben, Kekse backen, Oma Slättbergs Hühnerstall ausmisten, die Pygmäen in Schach halten und und und. Leider müssen sie auch immer noch Zeit für die Hausaufgaben finden. Das kommt euch bekannt vor? Auch ihr als Wilde-Hühner-Fans kommt am Üben und Wiederholen natürlich nicht vorbei. Aber mit Sprotte, Frieda und all den anderen werdet ihr feststellen, dass Rechtschreibung sogar richtig Spaß machen kann!

© Verlag Friedrich Oetinger GmbH, Hamburg 2006
Alle Rechte vorbehalten
Oetinger Lernhilfen: Spielend leicht lernen
Einband- und Reihengestaltung: Ralph Bittner
Innengestaltung: Behrend & Buchholz, Hamburg
Titelfiguren und Illustrationen von Cornelia Funke
Reproduktion: Domino Medienservice GmbH, Lübeck
Druck und Bindung: Westermann Druck Zwickau GmbH, Zwickau
Printed in Germany 2006/II
ISBN-13: 978-3-7891-1715-2
ISBN-10: 3-7891-1715-3

www.oetinger.de

Alphabetisch sortieren

Die Wilden Hühner wollen von sich und den Pygmäen ein Adressbuch anlegen.
Ordne ihre Nachnamen alphabetisch.

CHARLOTTE SLÄTTBERG	1.
FRIEDA GOLDMANN	2.
TRUDE KAULBARSCH	3.
MELANIE KLUPSCH	4.
WILMA IRRLING	5.
FRED BALDEWEIN	6.
WILHELM BLÖDORN	7.
STEFAN DOMASCHKE	8.
THORSTEN STUBBE	9.

4

Sortiere die Nomen alphabetisch. Jetzt musst du auf den zweiten Buchstaben achten.

Nomen werden großgeschrieben!

HUHN   1. *Hahn*
HENNE   2. _____
HORN   3. _____
HAHN   4. _____
HIMMEL   5. _____

REIS _____
RUHE _____
RING _____
ROSE _____
RAD _____

BLUMEN _____
BEET _____
BOHNE _____
BIRNE _____
BANK _____

ESSIG _____
EKEL _____
ESEL _____
EIMER _____
ENGEL _____

FUCHS _____
FRAU _____
FELS _____
FAHNE _____
FISCH _____

Ein Begriff passt nicht zu den übrigen. Streiche ihn durch.
Sortiere die anderen Nomen. Überlege, nach welchem
Buchstaben du sortieren musst.

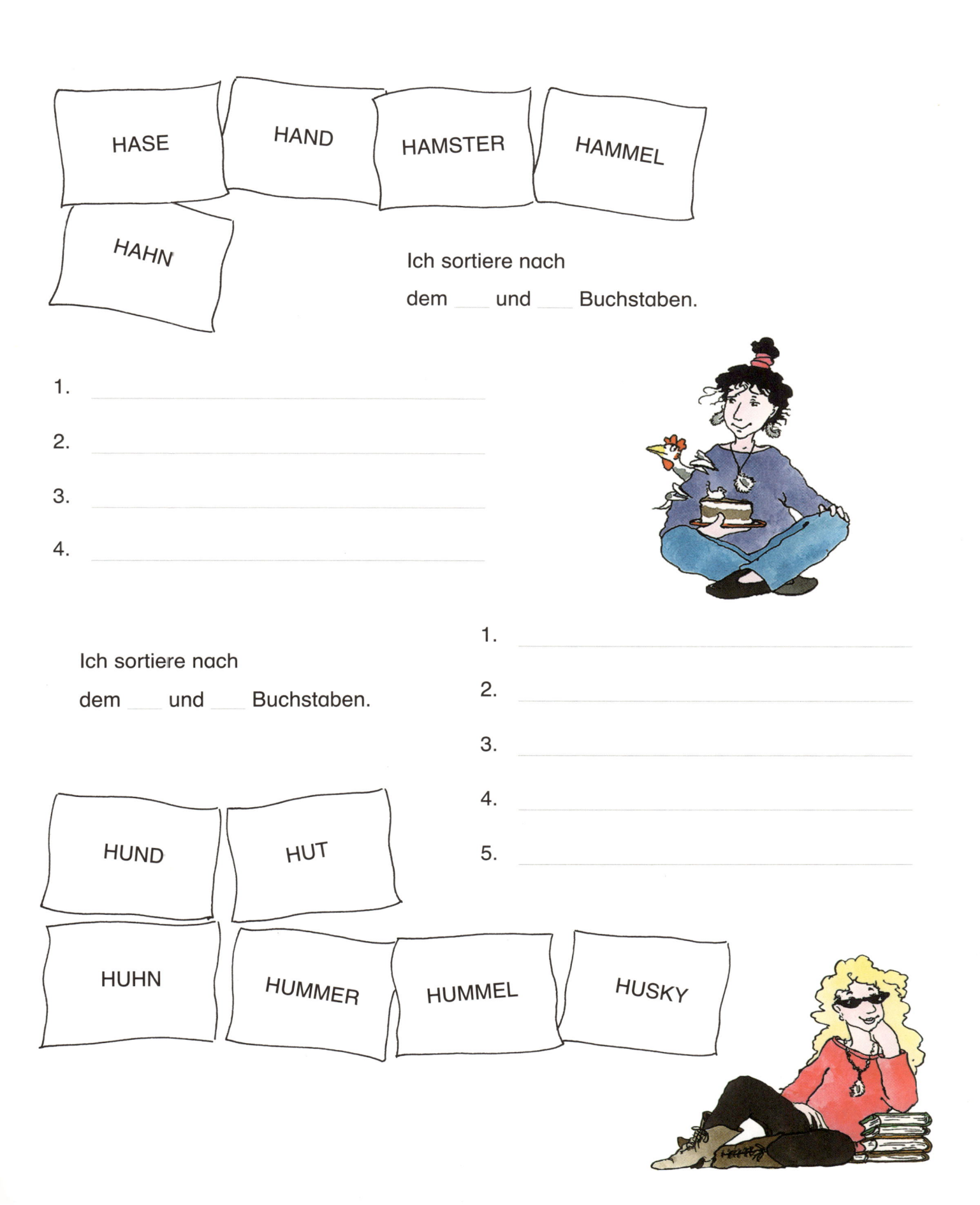

HASE   HAND   HAMSTER   HAMMEL

HAHN

Ich sortiere nach

dem ___ und ___ Buchstaben.

1. _____
2. _____
3. _____
4. _____

Ich sortiere nach

dem ___ und ___ Buchstaben.

1. _____
2. _____
3. _____
4. _____
5. _____

HUND   HUT

HUHN   HUMMER   HUMMEL   HUSKY

Großschreibung von Nomen

Die Wilden Hühner haben sich notiert, was bei ihrem nächsten Treffen passieren soll und wer eingeladen wird. Damit kein Pygmäe es lesen kann, haben sie ein Rätsel daraus gemacht. Findest du das Lösungswort?

1. Ein Tier, das bellen kann
2. Getränk
3. Gegenteil von Feigheit
4. Mineralwasser kauft man in einer ...
5. Von welchen Tieren stammt der Bandenname?
6. Diese Uhr weckt mich
7. Die Mutter meiner Mutter ist meine ...
8. Einen Brief schreibe ich auf ...
9. Der Sohn meiner Eltern ist mein ...
10. Zum Schreiben brauchen wir Papier und einen ...
11. Süßes Gebäck
12. Bandenzeichen der Wilden Hühner

Ü = UE

Schreibe groß!

Die Wörter im Rätsel auf Seite 6 sind Namenwörter (Nomen).
Ordne sie richtig ein und suche noch mehr passende Nomen.

Gegenstände

Personen

Tiere

Dinge, die ich nicht sehen, anfassen oder schmecken kann

Ich weiß jetzt:

Namen von Personen, Tieren und Dingen sind **Nomen**.

Es gibt auch Dinge, die ich nicht sehen oder anfassen kann.

Alle **Nomen** schreibe ich groß.

Einzahl und Mehrzahl

Schreibe alle Nomen in der Mehrzahl auf.
Unterstreiche die Endungen.

Einzahl	Mehrzahl
ein Foto	viele Fotos
ein Auto	
ein Paket	
ein Tisch	
ein Heft	
ein Stift	
eine Banane	
eine Seite	
ein Bauer	
eine Flasche	
ein Fenster	
ein Kalender	
ein Mädchen	
eine Katze	
eine Dose	
ein Tiger	

Manche **Nomen** verändern sich in der Mehrzahl nicht!

Die Wilden Hühner haben Tiernamen in Silben getrennt und dann vertauscht.
Findest du die richtigen Namen?

1. _____ | Kat | be | Ra | ze |

2. _____ | Lö | ger | Ti | we |

3. _____ | Ka | gel | Vo | mel |

4. _____ | Kä | se | Ha | fer |

5. _____ | Af | ge | Flie | fe |

6. _____ | Bie | ge | Zie | ne |

7. _____ | Gril | sel | Am | le |

8. _____ | Wie | te | En | sel |

9. Dackel
   Kröte | Da | te | Krö | ckel |

Zusammengesetzte Nomen

Sprotte und Melanie setzen immer zwei Nomen zu einem neuen Wort zusammen. Schreibe am Wortanfang groß.

Salat +  = die Salatschüssel

 + Tür =

Brot + 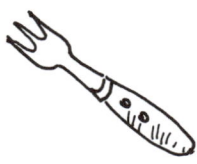 =

 + Bahn =

Kuchen +  =

 + Schuhe =

Segel +  =

 + Feger =

Sport +  =

 + Decke =

Setze die Nomen richtig zusammen.

Weihnacht
Mann, Baum,
Engel, Geschenk:

Weihnachtsmann,

Mittag
Schlaf, Pause,
Zeit, Mahl:

Sonntag
Braten, Kleid,
Essen:

Geburtstag
Kuchen, Torte,
Einladung, Kerze:

Verkehr
Schild, Polizist,
Unterricht, Kontrolle:

Einige Wörter werden mit einem „Klebe-s" verbunden.

Kleinschreibung von Adjektiven

Oma kennt jedes ihrer Hühner, obwohl sie alle fast gleich aussehen. Frieda und Melanie meinen, dass man jedem Huhn zur besseren Unterscheidung eine bunte Schleife umbinden soll. Kannst du helfen? Male die Schleifen passend an.

Die grüne Schleife bekommt das dicke, träge, langsame Huhn.

Für die kleine, schwache, kränkliche Henne ist das rote Band.

Die schlanke, weiße, gefräßige Henne soll die blaue Schleife bekommen.

Das große, braune, fleißige Huhn bekommt eine gelbe Schleife.

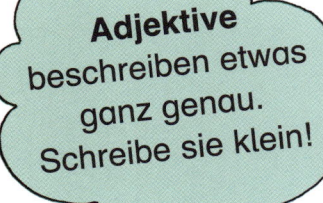

Adjektive beschreiben etwas ganz genau. Schreibe sie klein!

„Und wenn der neugierige, blöde Willi nicht gleich verschwindet, bekommt er eine gestreifte Schleife um!", lacht Frieda.

-ig oder -lich am Wortende

Melanie kann aus Nomen Adjektive machen. Sie hängt die Endsilbe -lich oder -ig an. Verbinde die passenden Wörter. Schreibe das Adjektiv und seinen Lösungsbuchstaben in die richtige Reihe. Ergänze das Lösungswort unten.

Adjektiv		Nomen		
gründlich	A	1. Grund	pünktlich	E
		2. Sand	schuldig	K
		3. Durst	mündlich	K
		4. Punkt	gründlich	A
		5. Schuld	kräftig	E
		6. Wort	durstig	J
		7. Gift	sandig	D
		8. Lust	bildlich	E
		9. Kraft	wörtlich	T
		10. Mund	giftig	I
		11. Macht	kindlich	I
		12. Bild	festlich	N
		13. Kind	lustig	V
		14. Fest	mächtig	L

Schreibe A

Kleinschreibung von Verben

Die Wilden Hühner treffen sich in Oma Slättbergs Garten.
In Geheimschrift haben sie aufgeschrieben,
was sie alles tun wollen.

umgraben,

*Tätigkeitswörter heißen **Verben**. Schreibe sie klein.*

Die Wilden Hühner albern herum.
Sie merken nicht, dass die Pygmäen sie beobachten.
Schreibe auf, was die Mädchen machen.

Wilma __gräbt__ ein Loch und _____ eine Vase hinein.

Sie _____ laut. (graben, setzen, lachen)

Frieda _____ aus Omas Schrank einen Kleiderbügel. Sie

_____ ihn in die Vase und _____ . (holen, stecken, kichern)

Melanie _____ im Hühnerstall. Sie _____ in den Nestern nach

Eiern. Sie _____ drei Stück. (verschwinden, suchen, finden)

Sprotte _____ ins Haus und _____ mit ihren Buntstiften

zurück. Sie _____ die Eier an. (laufen, kommen, malen)

Trude _____ die Eier gerade an den Kleiderbügel, als Torte mit

lautem Gebrüll hinter dem Busch hervor _____ . (binden, stürzen)

Die Mädchen rennen weg. Torte _____ sie. Er _____ über den

Bügel. Ein Ei _____ einen Riss, ein anderes _____ ganz kaputt,

das dritte _____ unter den Busch. (verfolgen, stolpern, haben, sein, rollen)

Torte _____ , von seiner Backe _____ klebriges Eigelb.
Alle halten sich den Bauch vor Lachen. (hinfallen, rinnen)

Groß oder klein?

Wilma liest den Text und zieht zwischen die Wörter Trennstriche. Dann unterstreicht sie die Nomen. Hilfst du ihr? Schreibe die Schüttelreime in Groß- und Kleinschreibung so ab, dass man sie gut lesen kann.

ESKLAPPERTENDIEKLAPPERSCHLANGEN,
BISIHREKLAPPERNSCHLAPPERKLANGEN.

ESSTEHENZWANZIGLÄMMERDICHT
AMABENDHIERIMDÄMMERLICHT.

SEHTIHRDIEHELLEFACKELDORT,
SIETRAGENEINENDACKELFORT.

Denke daran: **Satzanfänge** und **Nomen** schreibt man groß!

Du hast zusammen mit den Wilden Hühnern jetzt schon
einige Regeln der Großschreibung gelernt.
Präge sie dir ein und notiere passende Beispiele.

**Regeln zur
Groß- und Kleinschreibung**

Schreibe immer groß:

1. den Satzanfang

2. Nomen

Schreibe immer klein:

1. Adjektive

2. Verben

Beispiele

1.

2.

1.

2.

Lang gesprochene Vokale

Findest du die Tiere, die sich zwischen den Buchstaben versteckt haben? Schreibe sie auf. Suche von links nach rechts und von oben nach unten.

Esel,

Frieda hat die Nomen laut vorgelesen und dabei festgestellt, dass alle betonten Vokale lang gesprochenen werden.

A	E	S	E	L	B	C	W	D	E	K	U	H	H	V
C	B	F	T	L	P	K	R	A	B	E	O	V	K	H	T
D	D	H	A	H	N	M	F	L	Ö	H	E	S	S	F	G
E	O	U	H	K	A	T	E	R	R	M	S	W	C	O	P
A	U	H	J	K	A	M	E	L	M	R	E	I	H	L	T
I	V	N	K	B	T	B	I	E	N	E	L	E	A	R	U
K	J	L	F	R	K	Ä	O	U	E	H	M	S	F	F	S
M	N	T	I	G	E	R	T	Z	I	E	G	E	T	R	T
O	R	S	C	H	W	A	N	P	L	T	S	L	L	T	S

Die Wilden Hühner sortieren die Tiernamen von Seite 18.
Hilfst du ihnen dabei?

Nomen mit
Dehnungs-h

Nomen
mit ie

Nomen mit langem
einfachem Selbstlaut

Lang gesprochene Vokale
(Selbstlaute) können mit
einem Dehnungs-h oder mit ie
geschrieben werden.

Manchmal schreibt man
diese Wörter auch ohne
Dehnungszeichen.

Versuche dir
diese Wörter
zu merken.

Hier brauchst du Melanies Spiegel.
Ordne alle Nomen richtig ein.

BART BROT BLUT STEG
ARM CHOR KRAN MAL
DOM HOF BUCH FLUG WEG
FLUT FUß WAL LOS TAL
SCHAL TOD MOND HUT
KRUG MUS MUT SCHAF
WUT ZUG NOT STAR
TUCH POL SPUR

langes a:

langes u:

langes o:

langes e:

Merke dir die Wörter mit
lang gesprochenem Selbstlaut,
der ohne Dehnungszeichen
geschrieben wird.

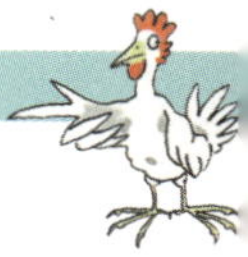

Trude, Melanie und Sprotte suchen Wörter mit lang gesprochenem, doppeltem Selbstlaut (Vokal). Wer findet die meisten Wörter?

H__r B__re S__l
B__t B__t M__r
M__r __l Schn__
Kl__ T__ P__r
S__ F__ M__s
l__r T__r W__ge
Id__ S__le Z__
H__r Arm__ S__t

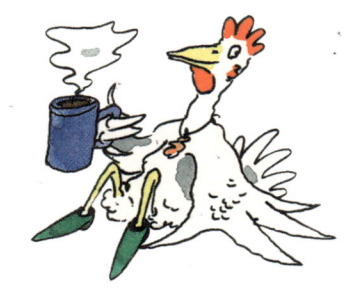

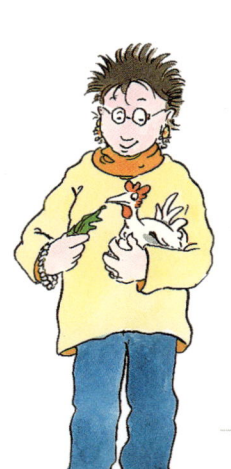

aa: Haar,

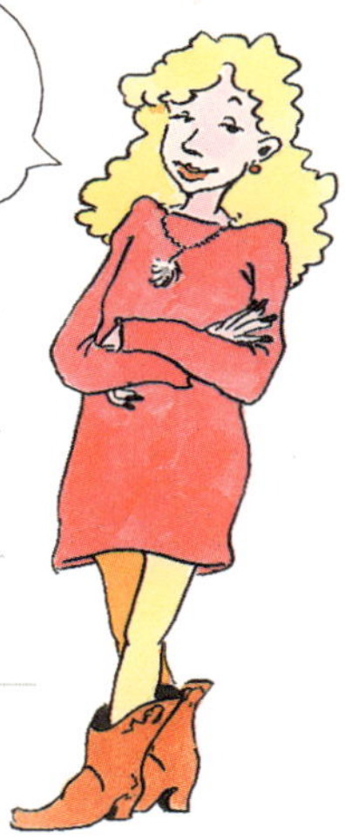

ee:

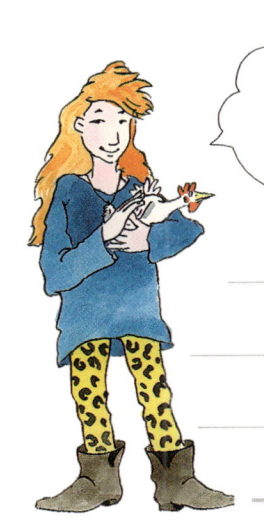

oo:

Am Wortende: d oder t? g oder k?

Trude fällt es schwer, d und t und g und k am Wortende zu unterscheiden und richtig zu schreiben. Hilfst du ihr?

d oder t?

der	Hun d_	viele	Hunde_____
der	Hu____	viele	_____
das	Bro____	viele	_____
das	Lie____	viele	_____
das	Zel____	viele	_____
der	Wal____	viele	_____
das	Fahrra__	viele	_____

g oder k?

der	Schran___	viele	_____
die	Zeitun___	viele	_____
die	Ban___	viele	_____
der	Ausflu___	viele	_____
das	Geträn___	viele	_____
der	Ta___	viele	_____
der	Anfan___	viele	_____

Was steht am Wortende?

Verlängere das Wort, dann kannst du den Laut genau hören!

Jetzt können Frieda und Wilma das Kreuzworträtsel ganz leicht lösen.
Sie lesen den Satz genau und setzen jeweils den fehlenden Buchstaben ein.
Danach tragen sie das gesuchte Wort in der Einzahl in das Rätselgitter ein.
So ergibt sich das Lösungswort!

1. Schneewittchen und die sieben Zwer g e.
2. Im Stall stehen prächtige Pfer___e.
3. Der Bauer bestellt seine Fel___er.
4. Die Kuh hat zwei kleine Käl___er.
5. Der Dichter schuf bedeutende Wer___e.
6. Ich liebe die stürmischen Win___e.
7. Die Ritter hausten früher auf ihren Bur___en.
8. Die Polizei erwischt viele Die___e.
9. Niemand darf in meine Schrän___e sehen.
10. Im Garten wachsen viele Kräu___er.
11. Ich liebe die Klän___e der Musik.
12. Auf dem Friedhof sind viele Grä___er.

1. ZWERG

Ä = AE

Lösungswort: V _ _ _ _ _ _ _ _ _ _ _

Lange oder kurze Vokale

Lies die Verben laut vor und höre, ob der betonte Vokal lang oder kurz gesprochen wird.
Ordne sie richtig ein.

lesen	kommen	nehmen	
schwimmen	hassen	rasen	
hacken	malen	sagen	füllen
lehren	reisen	wollen	baggern
fühlen	zahlen	klettern	schlafen

Verben
mit **langem** Vokal

Verben
mit **kurzem** Vokal

Melanie und Trude erfinden einen „Hörtest". Sie suchen immer zwei ähnliche Wörter mit langem und kurzem Vokal. Mach mit!

lahm	das Lamm
der W __ l	der Wa __ __
das B __ __ t	das Be __ __
die K __ __ le	die Ke __ __ e
er k __ m	der Ka __ __
wir r __ ten	die Ra __ __ en
die H __ sen	sie ha __ __ en
wir f __ __ len	sie fü __ __ en
der Sch __ l	der Scha __ __
die M __ __ te	die Mi __ __ e
die H __ te	die Hü __ __ e
der K __ n	sie ka __ __
der R __ __ se	die Ri __ __ e
die W __ __ sen	sie wi __ __ en

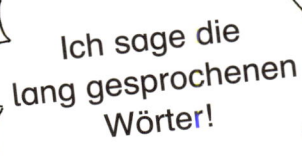

Ich sage die lang gesprochenen Wörter!

Ich nehme die kurz gesprochenen.

ss oder ß?

Suche die Reimwörter und präge sie dir ein. Schreibe sie in die passenden Kästchen.

Nach **kurzem** Selbstlaut: ss

Nach **langem** Selbstlaut: ß

besser
M _____

müssen
k _____

er vergaß
der Sp _____

essen
fr _____

Hass
F _____

groß
das Fl _____

Schüsse
K _____

messen
e _____

er fraß
sie a _____

blass
n _____

Kasse
Kl _____

fließen
g _____

Fluss
G _____

lassen
p _____

reißen
b _____

Schreibe alle Verben in der Du-Form und Er-Form.

du musst	müssen	er muss
du reißt	reißen	er reißt
du küsst	küssen	er küsst
du isst	essen	er isst
du grüßt	grüßen	er grüßt
du hasst	hassen	er hasst
du misst	messen	er misst
du schießt	schießen	er schießt
du lässt	lassen	er lässt
du beißt	beißen	er beißt
du fasst	fassen	er fasst
du passt	passen	er passt

ACHTUNG:

| du weißt | wissen | er weiß |

28

Wortfamilien

Ordne die Wörter den passenden Verben zu.
Präge dir die Wortfamilien ein.

abbeißen, abfahren, Abfuhr erteilen, abschließen, Müllabfuhr, aufschlüsseln, Ausfahrt, Beißring, Schließung, bissig

Einfahrt, schlüssig, Fahrer, Fahrrad, Fahrzeug, Gebiss, aufschließen, Rückfahrt, schließlich

Biss, Schlüssel, er fährt, Schlussverkauf, verbissen, Vorfahrt, zubeißen, zum Schluss

beißen	schließen	fahren

Findest du noch mehr Wörter zu diesen Wortfamilien?

ck und tz

Sortiere alle Wörter richtig ein.
Unterstreiche den kurzen Vokal vor tz oder ck.

Katze setzen Netz Satz Platz
Gesetz Hitze Blitz Klotz Witz
Schmutz trotz Nutzen putzen

Dackel Jacke dick Glocke
Zucker Decke Becken knicken
Schnecke stricken Rock Socke
Ruck gucken backen

ack:

eck:

ick:

ock:

uck:

atz: Katze,

etz:

itz:

otz:

utz:

Nach kurzem Vokal schreibe tz und ck!

Aber: Nach l, m, n, r, das merke ja, steht nie tz und nie ck!*

* Für Eigennamen gelten solche Regeln natürlich nicht.

Präge dir die Regeln ein und notiere passende Beispiele.

Regeln zur Verdopplung und Dehnung

1. Nach **kurz gesprochenem Selbstlaut (Vokal)** folgt:
   ll, mm, nn, rr, ss, tt, ck und tz.

2. Nach **lang gesprochenem Vokal** folgt: ß.

3. **Lang gesprochene Vokale** schreibe entweder mit
   – einfachem Vokal,
   – mit doppeltem Vokal,
   – mit ie oder
   – mit Dehnungs-h.

Beispiele

1.

2.

3.

> Bei der Schreibung der **lang gesprochenen Vokale** muss man viel üben. Man kann zwar hören, dass ein Vokal lang ist, aber nicht, wie er geschrieben wird.

Die Wilden Hühner spielen Wörterraten. Mach mit! Du darfst in jeder Reihe nur einen Buchstaben ändern.

LAMPE	NASE
RAMPE	_____
RAUPE	HASS

FELD	WILD
GELD	_____
GOLD	WAND

DOSEN	VASE
ROSEN	_____
RASEN	HOSE

KIND	KANNE
_____	_____
WAND	TONNE

HOSE	LAUS
R____	_____
R____	_____
RAST	HART

SIND	HAND
_____	H____
_____	_____
WANN	MOND

St und Sp

Trage die fehlenden Buchstaben ein und ordne die Wörter. Fallen dir noch mehr ein?

St – st

Stock

Sp – sp

___ock
___recher
___ecken
___ucken
___oßen
___ielen
___roh
___aß
___ellen
___inne
___raße
___ort
___eil
___ät
___uhl
___iegel

Nomen werden groß geschrieben

s am Wortende

Diese Wörter musst du dir gut merken.
Nimm einen Spiegel und schreibe sie in der Mehrzahl und dann in der Einzahl auf.

die Häuser	das Haus	das Haus
		die Gans
		der Kreis
		das Glas
		die Maus
		das Gras
		die Laus
		der Fels
		der Hals
		der Beweis
		der Ausweis
		das Los

Aber ACHTUNG:

der Bus – die Busse

Das einfache s am Wortende ist oft nicht richtig zu erkennen. Wenn du das Wort verlängerst, kannst du das stimmhafte, gesummte s besser hören.

Zeichensetzung

Lies die Sätze und setze das richtige Satzzeichen.

Die Wilden Hühner haben ihre Bande gegründet___

Sie haben gleich ein wichtiges Treffen___

„Was ist los___"

„Psst, pass doch auf___"

„Charlotte, kommst du bitte an die Tafel___"

Endlich ist die Stunde zu Ende___

Die Mädchen gehen aus der Klasse___

„Wer hat sich bloß den Treffpunkt ausgedacht___"

„Los, kommt jetzt___"

„Was soll das nun wieder___"

Charlotte hält sich den Fuß___

„Autsch, ich habe mir den Zeh gestoßen___"

Sie humpelt hinter den anderen her___

Am Ende eines **Aussagesatzes** steht ein Punkt: .

Nach einem **Ausrufesatz** ein Ausrufezeichen: !

Nach einer **Frage** steht ein Fragezeichen: ?

Mein Tipp: Ausrufesatz und Fragesatz sind meist Teil einer wörtlichen Rede.

Und das ist mein Tipp: Fragen kann man oft am Fragewort erkennen.

Trage bei den Aufzählungen die fehlenden Kommas ein.

Aufzählung von Nomen:
Heute gibt es Schnitzel, Soße, Gemüse, Kartoffeln und Eis.

Aufzählung von Verben:
Danach wollen wir malen, basteln, spielen, puzzeln und rätseln.

Aufzählung von Adjektiven:
Hinter dem Sofa krabbelte eine ekelhafte, dicke, fette, riesige und schwarze Spinne.

In Omas Gemüsesuppe gehören _____

(Karotten – Zwiebeln – Lauch – Sellerie – Petersilie)

Das Gemüse muss man _____

(waschen – putzen – schneiden – hacken – kochen)

Die Suppe ist _____

(heiß – schmackhaft – frisch – köstlich)

Aufzählungen werden durch **Kommas** voneinander getrennt.

Hier findest du einige Regeln zur Zeichensetzung und die wichtigsten Begriffe der Grammatik.

Regeln der Zeichensetzung

1. Nach einem Satz mit einer einfachen **Aussage** steht ein Punkt: **.**

2. Nach einem **Ausrufesatz** steht ein Ausrufezeichen: **!**

3. Nach einem **Fragesatz** steht ein Fragezeichen: **?**

4. **Aufzählungen** werden durch Kommas getrennt, wenn sie nicht durch und/oder verbunden sind.

5. **Wörtliche Rede** wird in Redezeichen (Gänsefüßchen) gesetzt.

Fachausdrücke

Nomen	Namenwort	Mann, Haus, Mut
Artikel	Begleiter	der, die, das
	ein, eine	
Adjektiv	Wiewort	dick, dünn, heiß
	Eigenschaftswort	
Verb	Tätigkeitswort	laufen, springen
	Tuwort	
Vokal	Selbstlaut	a, e, i, o, u
Konsonant	Mitlaut	b, c, d, f, g, h, j, k, l, m, n, p, q, r, s, t, v, w, x, y, z

Lösungen

Seite 3

Fred Baldewein
Wilhelm Blödorn
Stefan Domaschke
Frieda Goldmann
Wilma Irrling
Trude Kaulbarsch
Melanie Klupsch
Charlotte Slättberg
Thorsten Stubbe

Seite 4

Hahn Henne Himmel Horn Huhn
Rad Reis Ring Rose Ruhe
Bank Beet Birne Blumen Bohne
Eimer Ekel Engel Esel Essig
Fahne Fels Fisch Frau Fuchs

Seite 5

~~Hand~~ Hahn Hammel Hamster Hase
Ich sortiere nach dem 3. und 4. Buchstaben.
~~Hut~~ Huhn Hummel Hummer Hund Husky
Ich sortiere nach dem 3. und 6. Buchstaben.

Seite 6

1. HUND
2. SAFT
3. MUT
4. FLASCHE
5. HUEHNER
6. WECKER
7. OMA
8. PAPIER
9. BRUDER
10. STIFT
11. KEKSE
12. FEDER

NAMENWOERTER schreibe groß!

Seite 7

Gegenstände
Saft Kekse Flasche
Feder Wecker Papier
Stift

Personen
Oma Bruder

Tiere
Hund Hü(ue)hner

Dinge, die ich nicht sehen ...
Mut

Seite 8

Mehrzahl
viele Fotos viele Autos viele Pakete viele Tische
viele Hefte viele Stifte viele Bananen viele Seiten
viele Bauern viele Flaschen viele Fenster
viele Kalender viele Mädchen viele Katzen
viele Dosen viele Tiger

Seite 9

1. Katze   Rabe
2. Löwe   Tiger
3. Kamel   Vogel
4. Käfer   Hase
5. Affe   Fliege
6. Biene   Ziege
7. Grille   Amsel
8. Wiesel   Ente
9. Dackel   Kröte

Seite 10

Die Salatschüssel die Haustür das Brotmesser
die Autobahn die Kuchengabel die Handschuhe
das Segelboot der Schornsteinfeger
die Sportschuhe die Tischdecke

Seite 11

Weihnachtsmann Weihnachtsbaum
Weihnachtsengel Weihnachtsgeschenk

Mittagsschlaf Mittagspause Mittagszeit
Mittagsmahl

Sonntagsbraten Sonntagskleid Sonntagsessen

Geburtstagskuchen Geburtstagstorte

Geburtstagseinladung Geburtstagskerze
Verkehrsschild Verkehrspolizist Verkehrsunterricht
Verkehrskontrolle

Seite 13

gründlich	Grund
sandig	Sand
durstig	Durst
pünktlich	Punkt
schuldig	Schuld
wörtlich	Wort
giftig	Gift
lustig	Lust
kräftig	Kraft
mündlich	Mund
mächtig	Macht
bildlich	Bild
kindlich	Kind
festlich	Fest

Lösungswort: Schreibe ADJEKTIVE KLEIN

Seite 14

umgraben harken pflücken gießen pflanzen zupfen fegen streichen sägen

Seite 15

Wilma gräbt ein Loch und setzt eine Vase hinein. Sie lacht laut.

Frieda holt aus Omas Schrank einen Kleiderbügel. Sie steckt ihn in die Vase und kichert.

Melanie verschwindet im Hühnerstall. Sie sucht in den Nestern nach Eiern. Sie findet drei Stück.

Sprotte läuft ins Haus und kommt mit ihren Buntstiften zurück. Sie malt die Eier an.

Trude bindet die Eier gerade an den Kleiderbügel, als Torte mit lautem Gebrüll hinter dem Busch hervorstürzt.

Die Mädchen rennen weg. Torte verfolgt sie. Er stolpert über den Bügel. Ein Ei hat einen Riss, ein anderes ist ganz kaputt, das dritte rollt unter den Busch.

Torte fällt hin, von seiner Backe rinnt klebriges Eigelb. Alle halten sich den Bauch vor Lachen.

Seite 16

Es klapperten die Klapperschlangen,
bis ihre Klappern schlapper klangen.
Es stehen zwanzig Lämmer dicht
am Abend hier im Dämmerlicht.
Seht ihr die helle Fackel dort,
sie tragen einen Dackel fort.

Seite 18

Waagerecht: Esel Kuh Rabe Hahn Flöhe Kater Kamel Biene Tiger Ziege Schwan
Senkrecht: Huhn Bär Wal Reh Esel Wiesel Schaf

Seite 19

Dehnungs-h
Kuh Hahn Flöhe Huhn Reh

ie
Biene Ziege Wiesel

einfacher Selbstlaut
Esel Rabe Kater Kamel
Tiger Schwan Bär Wal
Esel Schaf

Seite 20

langes a:	Bart Arm Kran Mal Wal Tal Schal Schaf Star
langes u:	Blut Buch Flug Flut Fuß Hut Krug Mus Mut Wut Zug Tuch Spur
langes o:	Brot Chor Dom Hof Los Tod Mond Not Pol
langes e:	Steg Weg

Seite 21

aa:	Haar Saal Aal Paar Waage Saat
ee:	Beere Beet Meer Schnee Klee Tee See Fee leer Teer Idee Seele Heer Armee
oo:	Boot Moor Moos Zoo

Seite 22

d oder t?

der Hund	viele Hunde
der Hut	viele Hüte
das Brot	viele Brote
das Lied	viele Lieder
das Zelt	viele Zelte
der Wald	viele Wälder
das Fahrrad	viele Fahrräder

g oder k?

der Schrank	viele Schränke
die Zeitung	viele Zeitungen
die Bank	viele Bänke
der Ausflug	viele Ausflüge
das Getränk	viele Getränke
der Tag	viele Tage
der Anfang	viele Anfänge

Seite 23

1 ZWERG
2 PFERD
3 FELD
4 KALB
5 WERK
6 WIND
7 BURG
8 DIEB
9 SCHRANK
10 KRAUT
11 KLANG
12 GRAB

Lösungswort: VERLÄ(AE)NGERUNG

Seite 24

Verben mit **langem** Vokal:
lesen nehmen rasen malen sagen lehren
reisen fühlen zahlen schlafen

Verben mit **kurzem** Vokal:
kommen schwimmen hassen hacken
füllen wollen baggern klettern

Seite 25

lahm	Lamm
der Wal	der Wall
das Beet	das Bett
die Kehle	die Kelle
er kam	der Kamm
wir raten	die Ratten
die Hasen	sie hassen
wir fühlen	sie füllen
der Schal	der Schall
die Miete	die Mitte
die Hüte	die Hütte
der Kahn	sie kann
der Riese	die Risse
die Wiesen	sie wissen

Seite 26

besser	müssen	er vergaß
Messer	küssen	der Spaß
essen	Hass	groß
fressen	Fass	das Floß
Schüsse	messen	er fraß
Küsse	essen	sie aß
blass	Kasse	fließen
nass	Klasse	gießen
Fluss	lassen	reißen
Guss	passen	beißen

Seite 27

du ...   **er ...**

du musst	er muss
du reißt	er reißt
du küsst	er küsst
du isst	er isst
du grüßt	er grüßt
du hasst	er hasst
du misst	er misst
du schießt	er schießt
du lässt	er lässt
du beißt	er beißt
du fasst	er fasst
du passt	er passt

Seite 28

beißen: abbeißen, Beißring, bissig, Gebiss, Biss, verbissen, zubeißen

schließen: abschließen, aufschlüsseln, Schließung, schlüssig, aufschließen, schließlich, Schlüssel, Schlussverkauf, zum Schluss

fahren: abfahren, Abfuhr erteilen, Müllabfuhr, Ausfahrt, Einfahrt, Fahrer, Fahrrad, Fahrzeug, Rückfahrt, er fährt, Vorfahrt

Seite 29

ack: Dackel Jacke backen
atz: Katze Satz Platz
eck: Decke Becken Schnecke
etz: setzen Netz Gesetz
ick: dick knicken stricken
itz: Hitze Blitz Witz
ock: Glocke Rock Socke
otz: Klotz trotz
uck: Zucker Ruck gucken
utz: Schmutz Nutzen putzen

Seite 31

NASE	WILD	VASE	KIND	KANNE
HASE	WALD	HASE	WIND	TANNE
HASS	WAND	HOSE	WAND	TONNE

HOSE	LAUS	SIND	HAND
ROSE	HAUS	WIND	HUND
ROST	HAUT	WAND	MUND
RAST	HART	WANN	MOND

Seite 32

St – st
Stock
stecken
stoßen
Stroh
stellen
Straße
steil
Stuhl

Sp – sp
Sprecher
spucken
spielen
Spaß
Spinne
Sport
spät
Spiegel

Seite 33

die Häuser	das Haus
die Gänse	die Gans
die Kreise	der Kreis
die Gläser	das Glas
die Mäuse	die Maus
die Gräser	das Gras
die Läuse	die Laus
die Felsen	der Fels
die Hälse	der Hals
die Beweise	der Beweis
die Ausweise	der Ausweis
die Lose	das Los

Seite 34

Die Wilden Hühner haben ihre Bande gegründet.
Sie haben gleich ein wichtiges Treffen.
„Was ist los?"
„Psst, pass doch auf!"
„Charlotte, kommst du bitte an die Tafel?"
Endlich ist die Stunde zu Ende.
Die Mädchen gehen aus der Klasse.
„Wer hat sich bloß den Treffpunkt ausgedacht?"
„Los, kommt jetzt!"
„Was soll das nun wieder?"
Charlotte hält sich den Fuß.
„Autsch, ich habe mir den Zeh gestoßen!"
Sie humpelt hinter den anderen her.

Seite 35

Danach wollen wir malen, basteln, spielen, puzzeln und rätseln.
Hinter dem Sofa krabbelte eine ekelhafte, dicke, fette, riesige und schwarze Spinne.
In Omas Gemüsesuppe gehören Karotten, Zwiebeln, Lauch, Sellerie und Petersilie.
Das Gemüse muss man waschen, putzen, schneiden, hacken und kochen.
Die Suppe ist heiß, schmackhaft, frisch und köstlich.